대단한 건축물

Original Title: Amazing Buildings
Copyright © 2023 Dorling Kindersley Limited
A Penguin Random House Company
www.dk.com

대단한 건축물

케이트 헤이든

 | 삼성출판사

차례

세상의 모든 건축물

도시에는 별의별 건축물이 다 모여 있어요.
높은 사무실 빌딩, 넓은 마트, 길쭉한 창고, 반듯반듯한
아파트…….

세상에는 그림처럼 아름답고 요술처럼 신기한 건축물이
참 많아요. 우리 함께 건축물을 감상하며 세계 여행을
떠나 볼까요?

피라미드

이집트에 우뚝 서 있는 피라미드는 4000년도 더 된 건축물이에요. 옛날 이집트 왕국을 다스리던 왕과 왕비의 무덤이지요.

피라미드가 한 단 한 단 높아지는 만큼 일꾼들은
비탈길을 쌓았어요. 그런 다음 비탈길을 따라 무거운
돌덩이를 밀고 올라가 한 단 더 쌓아 올렸던 거예요.

수많은 일꾼들

가장 큰 피라미드를 쌓기
위해 수천 명의 일꾼이
20년 넘게 일했어요.

콜로세움

로마 제국 사람들은 '콜로세움'이라 부르는 원형 경기장을 지었어요. 이때 처음으로 콘크리트가 사용되었지요. 콘크리트는 오늘날 가장 널리 쓰이는 건축 재료 가운데 하나예요.

길쭉한 달걀 모양의 콜로세움에서 시합이 벌어지는 날이면 5만 명이 넘는 사람들이 몰려들었어요. 로마 사람들은 검투사들이 싸우는 모습에 열광했지요. 콜로세움은 왁자지껄한 응원 소리로 터져 나갈 것만 같았어요.

노이슈반슈타인 성

바위투성이인 언덕 꼭대기에 동화 속에
나올 것 같은 아름다운 성이 서 있어요.
노이슈반슈타인 성이에요. 원래 대부분의
성은 적의 공격으로부터 사람들을 보호하기
위해 지어졌어요. 하지만 이 성을 건축한
사람은 아름다운 그림이나 조각처럼
예술 작품을 만들고 싶었나 봐요.

디즈니 성

노이슈반슈타인 성을
어디선가 본 듯하지
않나요? 디즈니랜드의
신데렐라 성 때문에
그럴 거예요. 신데렐라 성은
노이슈반슈타인 성을 본떠 만들었거든요.

베르사유 궁전

프랑스의 베르사유 궁전은 세상에서 가장 큰 궁전 가운데 하나예요. 세상에, 벽난로가 1200개이고 창문이 2000개가 넘어요.

왕의 방

왕의 침실은 궁전 한가운데에 자리 잡았어요. 프랑스 왕 중 한 사람인 루이 14세는 침대에 누워 나랏일을 결정하는 서류를 살펴보기도 했어요.

2300개의 방 가운데 가장 아름다운 방은 '거울의
방'이에요. 베르사유 궁전이 지어진 300년 전에는
거울이 아주 귀한 물건이었어요. 거울의 방에 들어선
손님들은 거울에 비친 자신의 모습에 넋을 빼앗겼지요.

에펠탑

프랑스의 수도 파리에는 철로 만들어진 에펠탑이 우뚝 서 있어요. 한때 세상에서 가장 높은 건축물이었던 에펠탑이 완성되기까지는 2년 2개월 5일이 필요했어요. 마침내 1889년 파리 만국박람회에 맞춰 에펠탑이 세상에 공개되었어요. 사람들은 300미터가 넘는 높이에 깜짝 놀랐지요.

당시에는 철로 건물을 짓는 일이 매우 드물었어요. 하지만 그 후 철이 널리 사용되면서 점점 더 높은 건물이 등장하게 되었지요.

더 안전하게!

건축가들은 에펠탑을 튼튼하게 짓기 위해 삼각형이 계속해서 이어지는 그물 모양으로 철근을 쌓았어요.

부르즈 할리파

도시에는 하늘을 향해 가지를 뻗는 나무처럼 높은 빌딩이 늘어서 있어요. 그 모습이 하늘에 닿을 것만 같다고 해서 '마천루'라고 부르지요.
아랍 에미리트의 두바이에는 세상에서 가장 높은 건축물인 부르즈 할리파가 있어요. 이 163층짜리 꺽다리 빌딩은 높이가 828미터나 돼요. 빌딩을 찾은 관광객들은 124층, 125층, 148층에 있는 전망대에서 도시의 풍경을 마음껏 즐길 수 있어요.

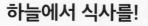
하늘에서 식사를!
442미터 높이에 있는 식당에서 밥을 먹으면 어떤 기분일까요?

스페이스십 어스

공처럼 둥근 건축물을 본 적 있나요? 이 건축물은
'스페이스십 어스'라는 이름을 지녔어요. 미국
플로리다주에 있는 디즈니랜드 엡콧 테마파크에서
만날 수 있지요. 거대한 골프공처럼 둥글고 하얗게
만들기 위해 겉면에 1만 1000개가 넘는 삼각형
조각을 이어 붙였어요.

파도를 닮은 건축물

아랍 에미리트의 두바이에 있는
한 호텔 건물은 파도를 떠올리게
해요. 600개에 달하는 방은 하나도
빠짐없이 바다를 향하고 있지요.

아름다운 건축물

현대적인 아름다움을 간직한 이 건축물들 좀 보세요.
오스트레일리아의 시드니 오페라 하우스와 스페인의
구겐하임 빌바오 미술관은 무엇을 닮아 보이나요?

시드니 오페라 하우스는
바람에 불룩 부풀어 오른
돛을 닮았어요.

구겐하임 빌바오 미술관을 보니까 큰 배가 떠오르지 않나요?

번쩍이는 지붕

시드니 오페라 하우스의 지붕은 100만 개가 넘는 도자기 타일 조각을 붙여서 완성했어요.

경기장

엄청나게 큰 이 경기장을 보세요.

'스타디움 오스트레일리아'는 올림픽을 위해 세워졌어요.

환경친화적 디자인을 선보였는데, 이게 무슨 말이냐면,

경기장을 밝히고 관중석을 시원하게 만드는 데 쓰이는

전기를 절약할 수 있는 구조로 만들어졌다는 뜻이에요.

올림픽 경기장

경기장은 올림픽 경기 같은 특별한
행사를 위해 새로 지어지곤 해요.

경기장에는 지붕에서 떨어져 내리는 빗물을 저장하는
큰 물통이 마련되었어요. 이렇게 모은 빗물을 재활용해서
경기장 잔디에 물을 뿌리고 화장실 변기에도 사용했지요.

에덴 프로젝트

열대 지방이 아닌 곳에서
바나나를 기르는 방법이
있을까요? 그래요, 온실을
지으면 돼요. 영국의 에덴
프로젝트에 가면 비눗방울처럼
볼록볼록 솟은 '바이옴'이라는
온실들이 반겨 주어요.

온실마다 열대 지방, 온대 지방, 사막 지방처럼 독특한 환경을 마련하고, 각각의 환경에서 자라는 식물을 심어 놓았어요.
바깥 날씨는 춥고 메마른 겨울이라도 '열대 지방 바이옴' 안은 덥고 습기가 가득해요. 마치 열대 지방 한가운데인 양 정글 숲이 우거졌어요.

국제 우주 정거장

지구에서 300킬로미터 넘게 떨어진 우주에 가장 놀라운
현대 건축물 가운데 하나가 있다는 걸 아나요?

블록 조각들을 연결해 큰 블록 집을 짓듯이, 우주선이
수십 차례에 걸쳐 지구에서 실어 나른 재료를 이어 붙여
만든 국제 우주 정거장이에요.

　　　앞으로 얼마나 더 멋진 건축물이 등장해 우리를
　　　　놀라게 할까요? 상상만으로도 흥미진진해요.

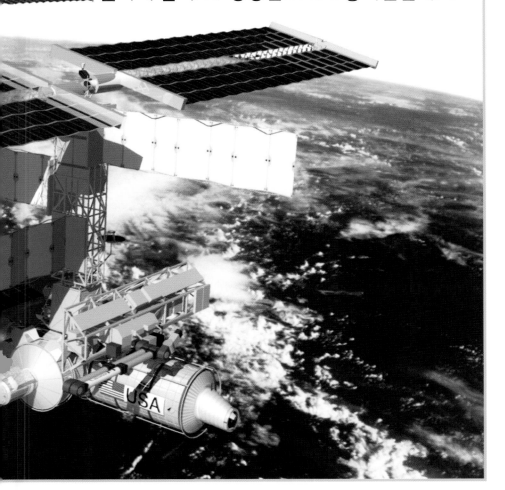

용어 정리

검투사
원형 경기장에서 다른 사람 또는 동물과 싸우던 사람

경기장
여러 가지 운동 경기와 공연이 열리는 대형 건축물. 사람들이 좌석에 앉아 경기와 공연을 즐긴다.

궁전
왕이 살던 대형 건축물

마천루
하늘을 찌를 듯 높이 솟은 건축물

온실
일 년 내내 식물을 기르기 위해 온도와 습도를 알맞게 조절할 수 있도록 만든 건축물

우주선
지구와 우주를 오가며 사람과 화물을 실어 나르는 탈것

퀴즈

이 책을 읽고 무엇을 알게 되었는지 물음에 답해 보세요.
(정답은 맨 아래에 있어요.)

1. 이집트 왕국을 다스리던 왕과 왕비의 무덤 이름은
   무엇일까요?

2. 현재 세상에서 가장 높은 건축물은 무엇일까요?

3. 에펠탑을 건축하기 위해 사용한 재료는 무엇이고,
   그 재료를 어떤 모양으로 쌓았을까요?

4. 영국의 에덴 프로젝트에 있는 '열대 지방 바이옴' 안의
   날씨는 어떤 상태일까요?

5. '스타디움 오스트레일리아'에서 빗물을 재활용하는
   방법은 무엇일까요?

1. 피라미드 2. 부르즈 할리파
3. 재료는 철이고, 삼각형이 계속해서 이어지는 그물 모양으로 쌓았다.
4. 덥고 습기가 가득하다.
5. 경기장 잔디에 물을 뿌린다. 화장실 변기에 사용한다.

DK 읽는재미!
SUPER Readers

아이들의 흥미와 발달을 모두 고려한
체계적인 읽기 프로그램 <DK 읽는 재미>.
스트레스 없는 책 읽기를 통해
아이들의 문해력이 자연스럽게 향상됩니다.

LEVEL 1

스스로
읽어요

취학 전~
초등 1학년

정글 속에는 누가 살까?

시끌벅적 농장의 하루

동물들아 밥 먹자

아기 동물들은 귀여워

올챙이의 변신

신비한 바닷속 탐험

점프 챔피언 돌고래

트리케라톱스 vs 티라노사우루스

나비의 한살이

바쁘다 바빠, 부지런한 꿀벌

멍멍 개 우리의 친구

야옹야옹 고양이 가족

무엇을 타고 갈까요?

일하는 중장비차

꽁꽁 얼음 왕국

오늘 날씨 어때?

본문 32p